Arachnides

Eugene Simon

In the interest of creating a more extensive selection of rare historical book reprints, we have chosen to reproduce this title even though it may possibly have occasional imperfections such as missing and blurred pages, missing text, poor pictures, markings, dark backgrounds and other reproduction issues beyond our control. Because this work is culturally important, we have made it available as a part of our commitment to protecting, preserving and promoting the world's literature. Thank you for your understanding.

ARACHNIDES,

PAR

M. E. SIMON.

Les Arachnides provenant des recherches de la Mission du cap Horn sont les premiers qui aient été recueillis au sud de la Terre de Feu ; presque tous ont été capturés à la baie Orange, sur la presqu'île Hardy, dernier prolongement de l'île Hoste parcouru par une chaine de collines de 300^m à 500^m, appelées les *Sentry Boxes* et se terminant par le faux cap Horn. Quelques-uns ont été pris à la baie Saint-Martin, à l'île L'Hermite et d'autres par la mission évangélique anglaise à Oushouaïa sur le canal du Beagle, qui sépare la côte Sud de la Terre de Feu des iles Hoste et Navarin.

Malgré la rigueur du climat, la pauvreté et l'uniformité de la végétation, la classe des Arachnides a de nombreux représentants dans ces froides régions, bien que cependant il n'en soit fait aucune mention par les explorateurs qui ont précédé la Mission française, même par Darwin.

Le nombre des espèces recueillies par les membres de la Mission est de vingt-sept ; vingt-deux sont nouvelles et nous en donnons plus loin les descriptions et les figures pour compléter les courtes diagnoses que nous en avons déjà publiées dans les *Bulletins de la Société zoologique de France* (1884, p. 117) : l'une était déjà connue du détroit de Magellan (*Pachylus planiceps* Guérin), une est cosmopolite et probablement introduite (*Chelifer cancroides* L.), enfin trois appartiennent à la faune du Chili (*Lycosa australis* E. Sim., *Epeira flaviventris* Nic. et *Stephanopsis ditissima* Nic.).

Malgré le nombre relativement énorme des formes nouvelles, la faune du cap Horn paraît offrir une grande analogie avec celle du Chili; indépendamment des trois espèces communes aux deux régions, nous devons signaler la présence des genres *Gayenna* Nic. et *Mynthes* E. Sim., jusqu'à ce jour exclusivement chiliens, et la prédominance des *Drassidæ* du groupe des *Anyphæninæ* également nombreux au Chili ([1]). Elle présente aussi des rapports avec celle de la côte occidentale de Patagonie : c'est ainsi que les genres *Philisca* et *Tomopisthes* ont été observés par M. E. Lebrun à Santa-Cruz de Patagonie ([2]).

Les différentes familles de la classe des Arachnides sont très inégalement représentées. Le petit Tableau suivant peut donner idée de leur importance relative :

Lycosidæ	1
Thomisidæ	1
Epeiridæ	2
Theridionidæ	1
Archæidæ	1
Agelenidæ	4
Dictynidæ	1
Drassidæ	12
Cheliferidæ	1
Gonyleptidæ	1
Phalangiidæ	2
	27

([1]) Presque toutes les espèces décrites par Nicolet, dans l'ouvrage de Gay, sous le nom générique de *Clubiona*, appartiennent au groupe des *Anyphæna* : les *C. nubes, horrenda, limbata* et probablement *acupicta* et *versicolor* rentrent dans le genre *Tomopisthes*; les *C. aspersa, ventricosa* et *tripunctata*, dans le genre *Liparotoma*; les *C. maculosa, smaragdula, sulphurea, lepida, pulchella, citrina, rufea, albiventris, dilataticollis*, et peut-être les *C. puella, lutea, abdominalis, punctata, longiventris, Gayi, gemella, gibbosa* appartiennent au genre *Gayenna*; les *C. sternalis, scenica* et *pusilla* devront former un genre spécial voisin des *Gayenna*; les types de ces espèces sont malheureusement en si mauvais état que leur étude est des plus difficiles. Les autres *Clubiona* de Nicolet appartiennent à de tout autres groupes : *C. flava* est un *Chiracanthium*; *C. altiformis* deviendra le type d'un genre voisin des *Clubiona* (*sensu stricto*); *C. macrocephala, obliterata* et *ultima* appartiennent au genre *Trachelas*; *C. rorulenta* et *sinistra* sont des *Amaurobius*; *C. breviventris* et *ambigua* font partie du genre *Mynthes*, famille des *Agelenidæ*.

([2]) Cf. E. SIMON, Arachnides recueillis en 1882-1883 dans la Patagonie méridionale, de Santa-Cruz à Punta-Arenas, par M. E. Lebrun, attaché comme naturaliste à la Mission du passage de Vénus. In *Bull. Soc. zool. Fr.*, XI, 1886, p. 558.

Il est à noter que les *Agelenidæ* appartiennent à des genres qui, à l'exception d'un seul qui existe au Chili, sont exclusivement propres à la région du cap Horn. Les deux espèces que nous avions rapportées avec doute au genre *Cœlotes* nous paraissent aujourd'hui devoir en être séparées.

Les *Drassidæ* appartiennent presque tous au groupe des *Anyphæninæ*, mais aucun ne rentre dans le genre *Anyphæna* (*sensu stricto*); tous se font remarquer par le rapprochement du pli ventral et des filières et (à part le genre *Coptoprepes*) par la présence de deux dents seulement à la marge inférieure des chélicères.

La présence des genres *Pachylus*, *Opiliones mecostethi* de grande taille et *Stephanopsis* prouve que certains groupes, considérés comme exclusivement tropicaux dans l'hémisphère boréal, atteignent dans l'hémisphère austral des latitudes beaucoup plus froides ([1]). Par contre, la famille des *Attidæ*, qui dans le Nord atteint la latitude de l'Islande et du Finmark, n'a point de représentant au cap Horn; les ordres des *Pedipalpi* et des *Scorpiones* qui existent à Santa-Cruz de Patagonie y font également défaut.

D'autres espèces rappellent cependant incontestablement la faune septentrionale : tels, par exemple, un *Erigone* voisin de notre *E. longipalpis*, et le genre *Thrasychirus*, très voisin du genre *Oligolophus*, dont presque toutes les espèces habitent les régions froides et montagneuses de l'Europe.

Nous devons enfin appeler l'attention sur le genre *Mecysmauchenius* E. Sim., l'un des derniers survivants de la famille des *Archœidæ*, dont la distribution à la surface du globe est des plus curieuses; à l'époque tertiaire, les *Archœidæ* habitaient l'Europe et l'on retrouve les restes des *Archœa* dans l'ambre de la Baltique, tandis que ses représentants actuels, très peu nombreux, sont disséminés dans l'hémisphère austral : l'*Eriauchenus Worckmanni* Cambr. a été récemment découvert à Madagascar, et nous avons signalé son étroite parenté avec les *Archœa* fossiles ([2]), puis est venu le genre *Landana* E. Sim., du Congo, puis le genre *Mecysmauchenius* E. Sim., du cap Horn.

([1]) Un autre exemple en est fourni parmi les Oiseaux par la famille des *Psittacidæ*.
([2]) Sur la famille des *Archœidæ* cf. E. Sim., *Ann. Mus. civ. St. nat. di Genova*, t. XX, p. 182 et p. 373.

Mais le genre *Mecysmauchenius* n'est pas le seul exemple des rapports fauniques qui existent entre l'Amérique et l'Afrique australe, le groupe des *Sicaridæ* (*Thomisoides* Nic.), considéré jusqu'ici comme propre au Chili et au Pérou, et retrouvé récemment au cap de Bonne-Espérance, en fournit une nouvelle preuve. La faune des régions situées au sud de la Terre de Feu était, comme nous l'avons vu, entièrement inconnue avant les recherches de la Mission; celle du détroit de Magellan était elle-même très imparfaitement étudiée : un *Epeira* (*E. magellanica*), rapporté par Le Guillou, chirurgien-major de la *Zélée*, a été décrit en 1844 par Walckenaer (*Apt.*, V. Supp., p. 467); un *Gonyleptides* (*Gonyleptes planiceps*), probablement de même origine, a été figuré par Guérin dans l'*Iconographie du règne animal*; la seconde de ces deux espèces a été retrouvée à l'île Hoste.

Plus récemment, le Dr Karsch a décrit quatre espèces rapportées de Punta-Arenas par le professeur Studer, attaché comme zoologiste à l'expédition allemande pour l'observation du passage de Vénus; aucune de ces espèces n'a été retrouvée par la Mission du cap Horn ([1]).

Ordo ARANEÆ.

Familia LYCOSIDÆ.

1. Lycosa australis E. Simon.

(*Pl. I, fig. 1.*)

Bull. Soc. zool. Fr., IX, 1884, p. 119.

♀ Ceph. th.: long. $9^{mm},2$; lat. $6^{mm},5$; — Abd.: long. 10^{mm}; lat. $7^{mm},4$. — Pedes : I, $20^{mm},1$; II, $18^{mm},4$; III, $17^{mm},3$; IV, 23^{mm}.

Cephalothorax crassus, antice parum attenuatus, fronte lata et obtusa, omnino niger, in medio paululum rufulo tinctus, pube obscure fulva

---

([1]) *Zeitschr. f. Ges. Naturwiss.*, LIII, 1880, p. 378. Les espèces décrites sont *Lycosa magellanica*, *Cybæus antarcticus* (appartenant probablement au genre *Mynthes*), *Clubiona paduana* et *Heteromma fuegiana*. Le genre *Heteromma*, décrit comme nouveau, nous paraît synonyme du genre *Gayenna* Nicolet.

vittam mediam vittasque laterales vix expressas formante vestitus. Oculorum lineæ 1ª et 2ª fere latitudine æquæ. Oculi ser. 1ᵃᵉ in lineam evidenter procurvam ordinati, fere æquidistantes, spatiis diametro oculorum vix angustioribus sejuncti. Spatium inter oculos medios seriei 1ᵃᵉ ac oculos seriei 2ᵃᵉ diametro oculorum anticorum latius. Oculi ser. 3ᵃᵉ oculis ser. 2ᵃᵉ minores, sat late remoti. Clypeus oculis anticis fere duplo latior. Chelæ robustæ, nigræ, nitidæ, subtilissime transversim striatæ, nigro-setosæ, ad basin parce flavo-pilosæ. Sternum nigrum nigro-pilosum. Abdomen ovatum, obscure fuscum fere nigrum, supra obscure rufescente-fulvo-pubescens, antice vitta longitudinali nigra paululum lanceolata et apice truncata, postice lineis transversis arcuatis vel punctorum seriebus transversis nigris ornatum, subtus omnino nigrum. Pedes robustissimi, parum longi, nigro-rufescentes, femoribus intus atque ad basin paulo dilutioribus, obscure fulvo-pubescentes et nigro valde setulosi; tibiæ I et II subtus spinis sat debilibus 3-3-3 instructæ; patellæ I et II muticæ; III et IV breviter biaculeatæ; tibiæ III et IV aculeis lateralibus utrinque binis et aculeo dorsali unico in parte apicali sito instructæ; metatarsi tarsique I et II subtus dense scopulati, IV minus dense scopulatus et linea media angusta setosa longitudinaliter sectus. Tibia cum patella IV cephalothorace multo brevior. Vulvæ fovea magna nigra, latior quam longior, antice rotunda, postice truncata, anguste nigro-marginata, carina integra sat angusta parallela, sed prope marginem posticum transversim dilatata longitudinaliter secta.

♂ Ceph. th.: long. 8ᵐᵐ; lat. 6ᵐᵐ,6. Pedes: I, 23ᵐᵐ,3; II, 21ᵐᵐ,2; III, 19ᵐᵐ,3; IV, 25ᵐᵐ.

Cephalothorax postice latior, antice magis attenuatus, pube albido-cinerea vittam mediam postice attenuatam vittasque marginales formante, et pube fulva lineas tenues radiantes formante ornatus. Abdomen nigerrimum, vitta antica nigra late albido-marginata, postice vittis transversis abbreviatis quatuor apicem versus sensim angustioribus, utrinque punctis 3 vel 4 seriatim dispositis supra læte ornatum. Pedes paulo longiores, nigricantes; femoribus supra flavido utrinque albidopubescentibus et longitudinaliter nigricanti variegatis, patellis, tibiis metatarsisque supra late albo-cinereo univittatis. Tibia et patella IV simul sumptæ cephalothorace non breviores. Pedes-maxillares fere nigri, apice femoris, patella tibia basique tarsi supra albo-cinereo pilosis; patella parallela longiore quam latiore; tibia patella haud longiore vix angustiore; tarso paulo longiore quam patella cum tibia, sat angusto, longe attenuato; bulbo minimo, rotundato, intus ad basin lobo rufulo semi-circulari, in medio lamina transversa leviter acute elevata, et prope apicem lobo rufulo striato munito.

Ile Hoste, île L'Hermite, canal du Beagle.

Très commun. — D'après M. le Dr Hyades, cette espèce creuse, dans les terrains demi-tourbeux, un terrier profond dont elle ferme l'entrée d'une toile épaisse pendant la mauvaise saison.

Le Muséum possède *L. australis*, de l'île Chiloe, envoyé par Gay postérieurement à la publication du grand Ouvrage sur le Chili. — Il est très voisin de *L. implacida* Nicolet, de Valdivia : la taille, la coloration, la structure de l'épigyne sont presque semblables; il en diffère cependant par les pattes un peu plus courtes et les yeux antérieurs plus petits et plus séparés; chez *L. implacida*, en effet, leurs intervalles sont plus étroits que leur diamètre et l'intervalle des yeux de la seconde ligne aux médians de la première est à peine égal au diamètre de ces derniers.

Familia THOMISIDÆ.

2. Stephanopsis ditissima Nicolet.

(*Pl. II, fig. 1.*)

Thomisus ditissimus Nicolet, in Gay, *Hist. fis. y pol. de Chile*, Ar., p. 394, pl. III, fig. 9.

Stephanopsis ditissima Keyserl., *Spinn. Amerik. Laterig.*, 1880, p. 175, pl. III, fig. 96.

♀ Long. 6^{mm},5.

Cephalothorax brevis, utrinque ample rotundatus, antice valde attenuatus, postice late truncatus, supra in medio longitudinaliter obtuse carinatus, antice sensim elevatus, postice prominulus et subtuberculatus sed ad marginem posticum abrupte declivis, obscure fuscus, coriaceus et prope oculos tuberculis paucis munitus, in lateribus pilis crassis flavo-nitidis subaureis et in medio pilis albidis subsquamiformibus densioribus vittam designantibus vestitus. Frons angusta et recte truncata. Oculi postici subæquales, parum disjuncti, medii inter se quam a lateralibus paulo remotiores. Oculi postici in linea valde recurva, medii lateralibus saltem duplo minores et inter se quam a lateralibus remotiores. Clypeus aream oculorum saltem æquans, utrinque pilis albidis densis in medio prope marginem pilis flavo-aureis paucis obtectus. Abdomen evidenter latius quam longius, antice valde attenuatum et ad marginem profunde excisum, postice late et fere recte truncatum et utrinque tuberculis grossis obtusissimis binis munitum, obscure fuscum, pilis fulvis brevissimis crassis et in medio pilis albidis paucis vittam aut seriem macularum parum distinctarum formantibus parce ornatum. Sternum fuscum, in medio sensim dilutius, crasse fulvo-pilosum. Chelæ pallide fuscæ, inæquales, transversim rugatæ et prope basin minute tuberculatæ. Pedes antici crassissimi, fusci, metatarsis tarsisque fulvis, subtiliter coriaceis et squamulis fulvis et albidis seriatim dispositis vestiti, femoribus prope medium leviter incrassatis et tuberculis humilibus 2-3 brevissime aculeatis munitis atque ad apicem, prope articulationem, bituberculatis, patellis et tibiis prope basin supra impressis, tibiis subtus 4-4 vel 4-3 metatarsis 3-3 aculeatis. Pedes postici breves, obscure fusci, femoribus ad basin fulvis subtus fulvis sed late nigro-biannulatis, metatarsis tarsisque fulvis fusco-annulatis. Vulvæ fovea transversa, plus quadruplo latior quam longior, marginata, antice paululum arcuata et utrinque rotundata.

Ile Hoste : baie Orange; trouvé sur le sol, à environ 15^m d'altitude (7 octobre 1882).

Existe aussi au Chili où, d'après Nicolet, il est répandu partout.

Familia **EPEIRIDÆ**.

3. Epeira flaviventris Nicolet.
(*Pl. II, fig.* 2.)

Nicolet, *in* Gay, *Hist. fis. y pol. de Chile*, Ar., p. 494.

♀ Ceph. th.: long. $4^{mm},3$; lat. $3^{mm},2$. — Abd.: long, 8^{mm}; lat. 7^{mm}. — Pedes : I, $12^{mm},6$; II, $12^{mm},1$; III, $8^{mm},8$; IV, 12^{mm}.

Cephalothorax nigricans, parte cephalica dilutiore et rufescenti, crasse albido-pubescens. Oculi medii aream paulo latiorem quam longiorem et antice quam postice latiorem occupantes, antici posticis majores, postici spatio diametro oculi haud latiore disjuncti. Clypeus obliquus, oculis anticis multo latior. Abdomen longius quam latius, antice breviter postice longius attenuatum, utrinque ad angulum obtusissime et breviter tuberculatum, postice vix distincte bituberculatum, supra flavum punctis excavatis nigris sex biseriatim dispositis et linea media longitudinali albida integra ornatum, subtus in medio nigrum et lineis flavis quatuor longitudinalibus ornatum, mamillis nigris nigro-marginatis. Sternum nigrum parce albido-pilosum. Partes oris nigræ testaceo-marginatæ. Chelæ fulvæ, prope apicem infuscatæ. Pedes mediocres, coxis femoribusque rufo-brunneis, patellis nigricantibus basin versus sensim rufescentibus, tibiis metatarsisque fulvis late nigro-annulatis, aculeis nigris aculeis fulvis parce intermixtis, tibiis I et II aculeis dorsalibus quatuor uniseriatis, patellis I et II aculeis dorsalibus fere setiformibus 2 vel 3 et utrinque aculeis validioribus binis armatis. Vulvæ uncus niger, gracilis et longissimus, postice dimidium ventrem superans, scapum utrinque ample rotundatum excavatum et alte marginatum, margine prope uncum utrinque paululum dilatato.

Cette espèce appartient au groupe de l'*E. diademata* Cl., malgré les deux très petits tubercules qui terminent son abdomen; elle est remarquable par sa coloration ventrale. Elle a été trouvée à Oushouaïa, sur le canal du Beagle, le 15 novembre 1882. Elle habite aussi le Chili (Nicolet).

4. EPEIRA HYADESI E. Simon.
(*Pl. II, fig.* 3.)

Bull. Soc. zool. Fr., 1884, p. 121.

♀ Ceph. th. : long. 2^{mm}. — Abd. : long. $3^{mm},2$; lat. $3^{mm},6$.

Cephalothorax albo-opacus plus minus fulvo-variegatus, antice et in medio longe et crasse albido-pubescens, parte thoracica late nigro-marginata et fere glabra, parte cephalica lata, supra prope oculos leviter transversim impressa, tuberculis oculorum lateralium sat prominentibus. Oculi medii æqui seu postici vix majores, aream quadratam (non trapeziformem) occupantes. Abdomen crassum, fere æque longum ac latum, antice late truncatum cum angulis obtusissime productis, postice sensim attenuatum et declive, utrinque pone angulum anticum leviter constrictum, supra albido-opacum inordinate tenuiter fusco-reticulatum, postice macula longitudinali obscura et sinuosa notatum, subtus vitta media latissima nigra, antice pone rimam epigasteris linea alba in medio interrupta, transversim secta. Sternum nigerrimum. Pedes sat breves et robusti, albidi, femoribus prope apicem late nigricanti-annulatis, tibiis subtus maculatis, metatarsis biannulatis : annulo 1° olivaceo, 2° fusco, tarsis fuscis ad basin anguste albis, aculeis gracilibus paucis. Chelæ robustæ albo-opacæ, ad basin parce fulvo-punctatæ, ad apicem late transverse rufo-brunneæ. Vulvæ fovea transversa, utrinque rotundata et anguste marginata, carina nigra, antice angusta postice valde cordiformi dilatata, longitudinaliter secta.

Ile Hoste : baie Orange (fin janvier 1883).

Dédié à M. le Dr Hyades, l'un des membres de la Mission.

FAMILIA THERIDIONIDÆ.

5. ERIGONE ANTARCTICA E. Simon.
(*Pl. I, fig.* 12.)

Loc. cit., p. 122.

♀ Long. $4^{mm},3$.

Cephalothorax fusco-rufescens vel olivaceus, anguste nigricanti marginatus atque in parte thoracica lineis divaricatis obscure fuscis abbreviatis notatus, lævis, parte cephalica lata sat convexa. Oculi postici in lineam paulum procurvam dispositi, medii paulo minores et inter se paulo magis quam ad laterales approximati. Oculi antici in linea recta, medii minores valde approximati sed a lateralibus bene separati. Clypeus verticalis planus, area oculorum non vel vix latior. Chelæ robustissimæ, extus valde convexæ et muticæ, subtiliter coriaceæ, sulco unguis margine superiore dentibus 5 validis (3 et 4 reliquis longioribus), margine inferiore dentibus 3 minoribus et prope uncum sitis armato. Sternum obscure fuscum læve. Pedes-maxillares obscure fulvo-olivacei, tibia tarsoque infuscatis, tibia patella fere duplo longiore. Pedes fulvo-olivacei, setis sat longis vestiti. Abdomen oblongum nigricanti sericeum. Vulva lamina obtuse triangulari depressa et pilosa sed prope apicem paululum convexa et nitida munita.

Ile Hoste : baie Orange (27 mars 1883).

Une seule femelle.

Assez voisin d'*E. longipalpis* Sund., en diffère principalement par les yeux postérieurs en ligne un peu courbée, le bandeau un peu moins large, la forme de la pièce génitale.

FAMILIA ARCHÆIDÆ.

Genus **MECYSMAUCHENIUS** E. Simon.

Ann. Mus. civ. Gen., XX, 1884, p. 377.

Cephalothorax elongatus, parte cephalica abrupte elevata, supra plana, antice oblique directa et parum attenuata. Oculi sex, minuti, æqui inter se late sejuncti, medii 2 et utrinque laterales 2 contigui. Chelæ cephalothorace paulo breviores, ad apicem partis cephalicæ insertæ et verticales, antice planæ, postice convexæ, marginibus sulci dentibus gracilibus et longis munitis, ungue longo. Pars labialis latior quam longior, valde attenuata et subtriquetra. Laminæ angustæ, fere parallelæ, in labium valde inclinatæ atque antice contiguæ. Sternum elongatum fere parallelum. Pedes breves, graciles et mutici, 4, 1, 2, 3, vel in mare 1-4, 2, 3, metatarsi postici inferne setis spiniformibus muniti. Abdomen oblongum. Mamillæ duæ breves et contiguæ.

6. MECYSMAUCHENIUS SEGMENTATUS E. Simon.

(Pl. II, fig. 4.)

Loc. cit., p. 379.

♀ Long. 5^{mm}.

Cephalothorax læte fulvo-rufescens, postice sensim infuscatus, lævis, parce pilosus fere glaber, parte cephalica postice sat abrupte elevata et rotundata, supra plana, longa, parallela sed antice paululum sensim attenuata, margine antico leviter arcuato. Oculi minimi, medii inter se quam a margine antico remotiores, laterales contigui æqui. Chelæ rufulæ robustæ et longæ, ad basin atque ad apicem paululum attenuatæ, antice fere planæ, postice in parte basilari valde convexæ, subtiliter coriaceæ, sulci margine superiore dentibus 8-9 longissimis et gracillimis, margine inferiore dentibus brevioribus et inæqualibus 4 vel 5 ab unco longe remotis instructis, unco longo valde arcuato. Abdomen oblongum, antice paululum attenuatum, albido-testaceum, supra nigro-violaceo signatum : in medio vittis transversis latis tribus antice valde arcuatis et linea media exili longitudinaliter sectis, postice vittis transversis 2 vel 3 multo brevioribus et rectis, subtus testaceum, antice maculis fuscis duabus minimis et elongatis notatum. Sternum rufo-brunneum subtiliter coriaceum. Pedes graciles et parum longi, fulvo-rufescentes. Vulvæ apertura transversa et arcuata, antice margine rufulo lato et arcuato, postice margine testaceo et subrecto limitata. Pedes-maxillares fulvi gracillimi, tibia patella plus duplo longiore paulum arcuata, tarso tibia haud longiore.

♂ Long. 4^{mm},3.

Cephalothorax, abdomen, chelæque ut in femina. Pedes, præsertim antici, paulo longiores. Pedes-maxillares breves, femore gracili leviter compresso, patella parva paulo longiore quam latiore convexa, tibia patella fere duplo longiore ad basin angustiore, apophysi tereti truncata et brevi extus prope medium perpendiculariter armata, tarso maximo, late ovato, obtusissimo, subtus prope basin tuberculo conico spinifero armato, bulbo maximo valde convexo ad apicem nigro uncato.

Ile Hoste, ile L'Hermite.

Familia AGELENIDÆ.

Les deux espèces que nous avons rapportées avec doute au genre *Cœlotes*, sous les noms de *C. subfasciatus* et *C. castaneifrons*, nous paraissent aujourd'hui devoir en être séparées; en effet, leurs filières ont une disposition différente : les supérieures sont plus grêles que les inférieures et de même longueur, leur second article est très petit et à peine distinct. Ce caractère les rapproche des *Cybœus*, groupe auquel appartiennent également les genres *Emmenomma* E. Sim. et *Cybœolus* E. Sim.

Sub-familia CYBÆINI.

Conspectus generum.

1. Oculi postici in linea recta. Oculi antici mediocres............... 2

   Oculi postici in linea valde recurva. Oculi laterales antici maximi, medii minutissimi....................... *Emmenomma.*

2. Oculi antici subcontigui. Metatarsi antici mutici....... *Cybœolus.*

   Oculi antici inter se sat late distantes. Metatarsi aculeati...... 3

3. Oculi antici magni æqui. Tarsi postici mutici. Chelarum margo inferior sulci bidentatus....................... *Mynthes*

4. Oculi medii antici lateralibus multo minores. Tarsi postici aculeati. Chelarum margo inferior tridentatus................. *Rubrius.*

Genus RUBRIUS nov. gen.

Cœlotes E. Simon, *Bull. Soc. zool. Fr.*, XI, 1884, p. 123 (ad partem *C. subfasciatus*).

Generi *Cybœo* valde affinis. Pars cephalica paulo latior. Oculi postici in linea recta, magni, medii a lateralibus quam inter se remotiores. Oculi antici in linea recta, late sejuncti, medii lateralibus

minores et a lateralibus quam inter se remotiores. Clypeus oculis
anticis haud duplo latior. Chelarum margo inferior sulci dentibus æquis
tribus tantum armatus. Pars labialis evidenter longior quam latior,
parallela ad apicem truncata et levissime emarginata, dimidium laminarum superans. Pedes breves et robusti sed tarsis longis et gracilibus,
valde aculeati, tarsi postici aculeati. Mamillæ inferiores robustæ, contiguæ, superiores inferioribus haud longiores sed graciliores, transversim
haud talius sejunctæ, articulo secundo minutissimo vix perspicuo.

7. Rubrius subfasciatus E. Simon.
(*Pl. II, fig. 7.*)

Cœlotes subfasciatus E. Simon, *loc. cit.*, p. 123.

♂ Ceph. th. : long. 4^{mm},5. — Abd. : long. 6^{mm},2.

Cephalothorax crassus, parte cephalica lata, fere parallela et convexa,
obscure fulvo-rufescens antice sensim infuscatus, parte cephalica late
nigricanti-marginata, parte thoracica anguste fusco-marginata et utrinque vitta sinuosa interrupta fusca notata. Oculi antici in lineam rectam ordinati, medii lateralibus plus duplo minores, laterales ovati et
obliqui (spatio diametro oculorum mediorum haud latiore sejuncti).
Oculi postici sat magni, æqui, lineam rectam formantes, medii spatio
diametro oculi angustiore sejuncti. Oculi medii antici mediis posticis
multo minores. Clypeus oculis anticis latior. Abdomen breviter ovatum,
convexum, supra obscure fulvum fusco-variegatum, antice vitta longitudinali parum expressa, postice maculis nigricantibus parum regulariter biseriatis sæpe confluentibus, interdum crucem magnam fus-
cam designantibus decoratum, subtus obscure testaceum. Sternum et
partes oris fere nigra, nitida, parcissime pilosa et rugosa. Chelæ nigræ,
nitidæ, subtilissime transversim striatæ, ad basin convexæ sed parum
prominentes. Pedes parum longi, fulvo-ravidi, metatarsis tarsisque
infuscatis, femoribus infra nigricanti tri-annulatis, patellis ad apicem,
tibiis in medio atque ad apicem annulatis, aculeis longis nigris. Plaga
vulvæ plana, nigricans, postice utrinque lobo rufulo semicirculari notata.

Ile L'Hermite : baie Saint-Martin.

Genus **MYNTHES** nov. gen.

Clubiona Nicolet, in Gay, loc. cit. (ad partem *C. ambigua*).
Cœlotes E. Simon, Bull. Soc. zool. Fr., 1884, p. 124 (ad partem *C. castaneifrons*).

Generi *Rubrio* valde affinis sed fronte latiore et convexiore ut in genere *Cœlote*, oculis anticis in linea leviter procurva, magnis et æquis, mediis a lateralibus quam inter se remotioribus, parte labiali obtuse truncata, haud emarginata, chelarum margine inferiore sulci dentibus binis æquis tantum armato, tarsis cunctis brevioribus et muticis.

NOTA. — Ce genre est représenté dans le sud du Chili par deux espèces décrites par Nicolet sous les noms de *Clubiona ambigua* et *breviventris*.

M. ambiguus, dont nous avons étudié le type au Muséum, diffère de *M. castaneifrons* par les yeux postérieurs en ligne très légèrement arquée en arrière et un peu moins séparés, l'intervalle des médians aux latéraux n'ayant pas beaucoup plus de deux fois leur diamètre, tandis que chez *M. castaneifrons* il a au moins trois fois ce diamètre. Chez le mâle, la patte-mâchoire ressemble beaucoup à celle des *Cœlotes* : la patella vue en dessus est à peine plus longue que large, son bord externe est régulièrement garni de petites dents égales et offre en outre un faible tubercule; le tibia, également court, présente une faible saillie externe et, à l'angle inféro-externe, une apophyse conique qui se prolonge sous l'article en forme de carène oblique n'atteignant pas tout à fait la base; le tarse est volumineux et longuement atténué; le bulbe est complexe et rappelle celui des *Cœlotes*.

8. MYNTHES CASTANEIFRONS E. Simon.
(*Pl. II, fig.* 6.)

Cœlotes castaneifrons E. Simon, loc. cit., p. 124.

♀ Ceph. th. : long. $5^{mm},2$. — Abd. : long. $6^{mm},5$.

Cephalothorax crassus, obscure fusco-ravidus, parte cephalica lata fere parallela et convexa utrinque late nigricanti, parte thoracica macula media antice angulatim emarginata vittaque marginali fulvo-testaceis ornata. Oculi antici in linea vix procurva, æqui, medii rotundati a lateralibus paulo latius quam inter se remoti, laterales oblongi et obliqui. Oculi postici sat magni, æqui, in linea fere recta (vix procurva), medii a lateralibus latius quam inter se remoti (sed spatio diametro oculi multo latiore sejuncti). Oculi medii antici et postici inter se æquales. Clypeus oculis anticis latior. Abdomen breviter ovatum, convexum, supra nigricans, sed late testaceo-variatum, antice vitta longitudinali lanceolata, postice lineis transversis arcuatis nigricantibus ornatum, subtus fusco-testaceum. Sternum fulvo-rufescens, læve, parce pilosum. Partes oris nigræ. Chelæ nigræ, nitidæ, ad basin valde geniculatæ et prominentes, in parte apicali tenuiter transversim rugatæ. Pedes parum longi, robusti, fulvo-rufescentes, metatarsis tarsisque valde infuscatis, late nigricanti-annulati, femoribus inferne triannulatis, patellis ad apicem tibiis ad basin atque ad apicem annulatis, aculeis nigris longis. Plaga vulvæ testacea, subtiliter longitudinaliter striata, utrinque lobo nigro rotundato et nitido notata.

Ile Hoste : au sud de la baie Orange, au pied des Sentry Boxes; trouvé, sur le sol, avec ses œufs, le 14 janvier 1883.

Genus **CYBÆOLUS** E. Simon.

Loc. cit., p. 125.

Generi *Cybæo* valde affinis, differt oculis anticis magis confertis et fere æquis (in *Cybæo* mediis multo minoribus), oculis mediis posticis a lateralibus quam inter se remotioribus (in *Cybæo* oculis posticis æque distantibus vel mediis inter se remotioribus), chelis sat debilibus antice haud convexis, parte labiali vix longiore quam ad basin latiore ad apicem attenuata et fere rotunda (in *Cybæo* subparallela ad apicem truncata et paululum emarginata), pedum anticorum metatarsis muticis (in *Cybæo* valde aculeatis). — Mamillæ breves uniarticulatæ, superiores inferioribus graciliores. Tarsorum ungues superiores 10 vel 12 longe dense et regulariter dentati, unguis inferior longus ad basin bidentatus.

9. CYBÆOLUS PUSILLUS E. Simon.

Loc. cit., p. 125.

♀ Long. 2^{mm},5.

Cephalothorax fulvo-rufescens, lineis divaricatis fuscis ramosis parum distinctis notatus, lævis, nitidus, parte cephalica parte thoracica angustiore, sat longa et paululum convexa. Oculi postici magni, æqui, medii inter se evidenter minus quam ad laterales remoti (spatio diametro oculi haud vel vix latiore sejuncti). Oculi antici subcontigui. Abdomen oblongum, supra rufulum, utrinque paululum fusco-variatum, in parte prima linea longitudinali fusca, in parte altera lineis testaceis transversis exilibus et valde arcuatis ornatum, albido sat longe et parce pubescens, subtus testaceo-rufescens. Sternum latum, vix longius quam latius, leviter convexum, fusco-rufescens, opacum. Pars labialis fusca fere nigra. Laminæ-maxillares, chelæ, pedes-maxillares, pedesque testacei, sat longe setulosi. Pedes spinis longis exilibus et fere setiformibus armati, femore I intus ad apicem unispinoso, patellis ad apicem supra unispinosis, tibiis spinis 2 vel 3, femoribus II, III et IV et metatarsis I et II muticis, metatarsis posticis parce aculeatis. Plaga vulvæ magna, rufula et pilosa, parum convexa, utrinque macula fusca magna rotundata, antice tuberculis duobus minutis rufulis notata.

Ile Hoste : baie Orange.

Un seul individu pris sur le sol, à environ 15^m d'altitude (7 octobre 1882).

Genus EMMENOMMA E. Simon.
Loc. cit., p. 126.

Cephalothorax oblongus, parte cephalica paululum attenuata, antice fere recte truncata, parte thoracica stria longitudinali longa et profunda, striis divaricatis parum expressis. Oculi octo, inter se valde inæquales, antici in linea recta, medii minutissimi punctiformes, laterales maximi rotundati et convexi, postici in linea valde recurva, medii lateralibus paulo minores et a lateralibus quam a sese multo remotiores. Sternum late oblongum, longius quam latius. Pars labialis paulo longior quam ad basin latior, versus apicem paulo angustior et obtuse truncata, dimidium longitudinem laminarum paululum superans. Laminæ-maxillares latæ, convexæ, rectæ, basin versus haud angustiores, ad apicem extus rotundatæ intus oblique et longe truncatæ. Chelæ robustæ, verticales, parum attenuatæ, ungue valido et longo. Mamillæ uniarticulatæ, sat breves, inferiores superioribus multo crassiores sed non multo breviores. Pedes sat robusti, numerose et valde aculeati, 4, 1, 2, 3 (1 et 2 fere æqui) in mare longi, metatarsis tarsisque gracillimis et longissimis, in femina breviores. Ungues tarsorum trini, superiores longi et arcuati, dentibus 9 longis paululum divaricatis, versus basin sensim brevioribus instructi, inferior longus valde arcuatus et prope basin bidentatus.

10. Emmenomma oculatum E. Simon.

(*Pl. II, fig. 8.*)

Loc. cit., p. 136.

♀ Ceph. th.: long. $4^{mm},3$. — Abd.: long. 6^{mm}. — Pedes: I, $11^{mm},5$; II, $11^{mm},2$; III, $10^{mm},7$; IV, $13^{mm},5$.

Cephalothorax fulvus, area oculorum nigra, parte cephalica maculis duabus arcuatis fuscis et punctatis, parte thoracica linea exili marginata et utrinque maculis latis divaricatis vittam latam et interruptam formantibus ornata, stria media tenui et longa. Abdomen oblongum, supra nigricans, in medio valde testaceo-variatum, antice vitta media lanceolata nigra, postice macularum arcuatarum serie unica ornatum, subtus obscure testaceum parce nigro-punctatum. Partes oris sternumque obscure fusco-olivacea, nitida. Chelæ fusco-rufescentes, robustæ, nitidæ, subtilissime transversim striatæ, parce pilosæ. Pedes sat robusti, fulvi, apicem versus sensim rufescentes, femoribus inferne maculis fuscis transversis binis, tibiis parum distincte maculatis et subannulatis, femoribus supra spinarum seriebus tribus, tibiis metatarsisque I et II inferne aculeis longis 2-2-2 et utrinque biaculeatis, metatarsis posticis validissime aculeatis. Pedes-maxillares fulvi, tarso infuscato, valde aculeato. Plaga vulvæ fulva, magna, punctata et pilosa, postice partibus duabus elongatis rufulis nitidis antice divaricatis notata.

♂ Ceph. th.: long. $3^{mm},9$. — Pedes: I, 14^{mm}; II, $13^{mm},8$; III, 12^{mm}; IV, $14^{mm},8$.

Pedes multo longiores. Pedes-maxillares fulvi, tarso paululum infuscato; femore gracili fere recto; patella sat minima, paulo longiore quam latiore, fere parallela, mutica; tibia patella multo longiore, apicem versus sensim incrassata et convexa, extus prope apicem paulum emarginata atque apophysi rufula gracili et longissima, ad basin paululum retro directa dein antice valde arcuata cum angulo obtuse et breviter producto instructa; tarso minimo, angusto, tibia parum longiore, apicem versus valde attenuato, supra ad basin paululum acuminato; bulbo oblongo, carinato, extus apophysi valida et conica fere perpendiculariter instructo.

Var. — Abdomen supra albido-testaceum, lateribus plus minus nigricanti-variegatum, antice vitta longitudinali fusco-rufescenti tenuiter nigro-marginata ornatum.

Ile Hoste; ile L'Hermite.

L'une des Araignées les plus communes dans la région du cap Horn; se trouve sous les pierres et dans les troncs d'arbres tombés.

Familia DICTYNIDÆ.

11. Amaurobius fuegianus E. Simon.

(Pl. II, fig. 5.)

Loc. cit., p. 128.

♀ Long. 4^{mm},6.

Cephalothorax nitidus fere glaber, fulvo-olivaceus, antice leviter infuscatus, parte cephalica utrinque linea longitudinali et postice macula magna subtriangulosa in lineas tres exiles antice producta, parte thoracica angustissime nigro-cincta utrinque maculis obliquis tribus extus paululum dilatatis marginem haud attingentibus, ornatis. Oculi postici in linea fere recta, magni, medii spatio diametro oculi haud latiore disjuncti, laterales a mediis vix latius quam medii inter se remoti. Oculi antici anguste et fere æque distantes, medii minores. Oculi medii trapezium paulo longius quam latius occupantes. Clypeus oculis lateralibus anticis paulo angustior. Abdomen late ovatum, supra obscure testaceum, utrinque leviter fusco-reticulatum, antice vitta longitudinali, postice maculis sex nigricantibus magnis, obliquis et subangulosis, in series duas longitudinaliter ordinatis ornatum, subtus obscure testaceum. Mamillæ testaceæ fusco-marginatæ. Sternum nitidum, obscure fuscum, antice paulo dilutius. Pars labialis obscure fusca apice testacea, longior quam latior, fere parallela, apice recte truncata.

Laminæ-maxillares chelæque rufescentes, nitidissimæ, parce et longe pilosæ. Pedes sat breves et robusti, fulvo-olivacei, metatarsis tarsisque paululum infuscatis et rufescentibus, femoribus maculis tribus nigricantibus transversis subtus notatis, tibiis cunctis metatarsisque posticis parum distincte biannulatis, femoribus cunctis supra prope medium uniaculeatis, femoribus I et II intus ad apicem aculeo 1 vel 2 armatis, tibia I aculeis gracilibus 3-3-3, tibia II aculeis 1-1-2 inferne armatis. Plaga vulvæ rufula, utrinque anguste nigro-emarginata, postice recte truncata cum angulis acutis et paululum productis.

Baie Orange.

Familia DRASSIDÆ.

Sub-familia CLUBIONINÆ.

Genus PHILISCA E. Simon.

Loc. cit., p. 129.

Generi *Clubionæ* affinis, differt cephalothorace convexiore, area oculorum mediorum trapeziformi paulo longiore quam latiore (in *Clubiona* latiore quam longiore), oculis posticis æque distantibus et lineam evidenter procurvam formantibus, laminis-maxillaribus latioribus atque ad basin haud vel vix angustioribus, parte labiali apicem versus leviter attenuata, sterno latiore late cordiformi, chelarum margine inferiore tridentato.

12. Philisca Hahni E. Simon.
(*Pl. I, fig.* 2.)

Loc. cit., p. 129.

♀ Ceph. th. : long. $3^{mm},2$; lat. $2^{mm},5$. — Abd. : long. 5^{mm}; lat. 3^{mm}. — Pedes : 4, 1, 2, 3.

Cephalothorax latus et convexus, fere lævis, obscure fuscus fere niger, parte cephalica et parte thoracica antice in medio paulo dilutioribus et rufescentibus, parum dense fulvo-pubescens, antice parce nigro setosus. Oculi postici æqui, minimi, fere æque distantes, in lineam vix procurvam dispositi. Oculi antici in linea recta, magis approximati, medii lateralibus paulo minores. Abdomen late oblongum, supra rufocinnamomeum, subtiliter testaceo-variegatum, antice late flavum et linea media nigra postice attenuata et flavo-marginata decoratum, subtus utrinque flavum in medio fusco-rufescens. Chelæ robustæ et convexæ fusco-rufulæ, nitidæ, parcissime rugosæ et parce setosæ. Partes oris sternumque nigra nitida. Pedes-maxillares fulvi, tibia tarsoque infuscatis, tibia patella longiore. Pedes breves et robusti, fulvo-rufescentes vel olivacei, tibia I 3-2, tibia II 2-2 inferne aculeatis, metatarsis I et II ad basin longe biaculeatis. Pedes III et IV valde aculeati. Tarsi metatarsique I et II inferne crebre et breviter scopulati. Plaga vulvæ parum convexa, semicircularis, nigricans, punctata et pilosa, postice parte media testacea minima longitudinali, antice truncata postice sensim attenuata, notata.

Ile Hoste : baie Orange; dans les arbres morts (16 janvier, 25 juin 1883). Dédié à M. le Dr Hahn, l'un des membres de la Mission.

Une espèce du même genre, que nous avons décrite sous le nom de *P. obscura*, a été prise à Santa-Cruz de Patagonia par M. E. Lebrun.

Sub-familia **CORINNINÆ**.

Genus **AXYRACRUS** E. Simon.

Loc. cit., p. 140.

Cephalothorax convexus, antice vix attenuatus, fronte latissima. Oculi antici parum disjuncti, medii lateralibus plus duplo minores. Oculi postici æqui, in linea evidenter recurva linea antica latiore, fere æque distantes vel medii a lateralibus quam inter se vix remotiores. Clypeus oculis anticis vix latior. Chelæ sat breves sed robustæ, ad basin valde convexæ et subgeniculatæ, margine sulci inferiore robuste bidentato, ungue parum longo, robusto et arcuato. Sternum oblongum sat angustum, coxis intermediis parum latius, antice sensim angustius. Coxæ posticæ inter se parum disjunctæ. Pedes breves, parum inæquales, 1, 4, 2, 3, valde aculeati, metatarsi tarsique I et II scopulati. Tarsorum ungues validi et valde arcuati, in parte basali dentibus 5 vel 6 (1, 2 et 3 reliquis robustioribus et longioribus) instructi. Mamillæ breves, fere longitudine æquæ, inferiores superioribus paulo robustiores.

Nous avions d'abord rapporté ce genre à la sous-famille des *Anyphœninæ*, mais nous pensons aujourd'hui qu'il rentre mieux dans celle des *Corinninæ*. Le léger pli ventral qui existe près des filières n'est sans doute pas l'analogue de celui des *Anyphœna* : il se retrouve au reste dans beaucoup de genres de la sous-famille des *Corinninæ*, particulièrement dans le genre *Myrmecium* Latr.

Les *Axyracrus* sont assez voisins des *Trachelas*; ils s'en distinguent cependant par les pattes pourvues d'épines, les yeux médians antérieurs plus petits que les latéraux, les hanches postérieures presque conniventes, etc.

13. Axyracrus elegans E. Simon.
(*Pl. I, fig.* 10.)

Loc. cit., p. 140.

♀ Ceph. th. : long. $2^{mm},8$; lat. 2^{mm}. — Abd. : long. $4^{mm},5$; lat. $2^{mm},9$. — Pedes 1, 4, 2, 3.

Cephalothorax convexus et crassus, fronte lata et obtusa, fulvo-rufescens, antice obscurior et late fusco-marginatus, parte cephalica sæpe in medio paululum infuscata et sat longe albo-lurido pubescenti. Oculi antici approximati, medii lateralibus multo minores. Oculi postici æqui, fere æque distantes. Abdomen late oblongum, fere cylindratum, fulvo-testaceum supra fusco-ornatum : vitta marginali lata et sinuosa, linea media postice attenuata medium dorsum vix superante, lineisque transversis 5 vel 6 antice valde arcuatis, subtus testaceum vitta media lata obscure fulva notatum. Sternum nigrum nitidum. Partes oris obscure castaneæ. Chelæ fere nigræ, subnitidæ, parce pilosæ. Pedes fulvo-olivacei, tibiis metatarsis tarsisque I et II valde infuscatis, femoribus prope apicem, tibiis ad basin atque ad apicem late fusco-annulatis. Tibia I inferne 3-3-3, tibia II inferne 1-1-2 aculeatæ, metatarsi I et II ad basin biaculeati, metatarsi et tarsi I et II dense scopulati. Vulvæ plaga fulvo-rufula in medio leviter transversim biimpressa, postice late marginata et utrinque infuscata.

Ile Hoste; île L'Hermite; canal du Beagle.

Très commun dans toute la région.

Sub-familia **ANYPHÆNINÆ**.

Conspectus generum.

1. Chelarum margo inferior sulci dentibus minutissimis numerosis (4,5 vel 6) instructus. Oculi antici subcontigui. Tarsi metatarsique haud scopulati.................... *Coptoprepes.*

    Chelarum margo inferior sulci valde bidentatus. Oculi antici plus minus disjuncti. Tarsi metatarsique, saltem antici, plus minus distincte scopulati.......................... 2

2. Pedes antici mutici. Sternum angustum attenuatum. Oculi postici minuti inter se late remoti................. *Liparotoma.*

    Pedes cuncti aculeati. Sternum sat latum................ 3

3. Spatium inter oculos laterales anticos et posticos diametro oculi latius vel saltem haud angustius. Tarsi metatarsique antici subtus dense scopulati......................... *Tomopisthes.*

    Spatium inter oculos laterales anticos et posticos diametro oculi multo angustius. Tarsi metatarsique antici subtiliter scopulati................................. *Gayenna.*

Nota. — Le genre *Phidyle* E. Sim., que nous avions rapporté à tort à la famille des *Sparassidæ* (*Rév. Sparass.*, 1880, p. 66), appartient à ce groupe et est même assez voisin du genre *Tomopisthes*, bien que son faciès l'en éloigne beaucoup; il en diffère par le pli ventral situé presque au milieu, le front étroit, la seconde ligne des yeux très fortement courbée en arrière, enfin par le bandeau deux fois plus large que les yeux antérieurs. Ce genre renferme deux espèces : *P. punctipes* Nic. (sub *Sparassus*), du Chili, et *P. Bergi* E. Sim. (*loc. cit.*, p. 125), de la République Argentine.

Genus **COPTOPREPES** E. Simon.

Loc. cit., p. 136.

A genere *Anyphæna* differt rima ventrali in parte secunda prope mamillas sita, oculis anticis inter se fere contiguis, oculis posticis lineam magis procurvam formantibus, cephalothorace angustiore antice longe attenuato, clypeo diametro oculorum lateralium anticorum duplo latiore, chelarum margine inferiore sulci minute et numerose dentato, mamillis longioribus, gracilioribus atque æquis (in *Anyphæna* mamillis superioribus longioribus et gracilioribus quam inferioribus, mamillis intermediis reliquis multo brevioribus). Partes oris ut in *Anyphæna*. Pedes 4, 1, 2, 3 (4 et 1 parum inæquales) sat robusti, sed tarsis gracilibus et longis, haud scopulati, valde aculeati.

Les *Coptoprepes*, qui s'éloignent beaucoup des *Anyphæna* par l'ensemble de leurs caractères, s'en rapprochent au contraire plus que des genres suivants par la structure de leurs chélicères; la marge inférieure offre, en effet, comme chez les *Anyphæna*, une ligne de nombreuses petites dents granuliformes, tandis que chez les autres types elle présente deux fortes dents coniques.

14. Coptoprepes flavopilosus E. Simon.
(*Pl. I, fig.* 9.)

Loc. cit., p. 137.

♂ Ceph. th.: long. $2^{mm},7$. — Pedes: 4, 1, 2, 3.

Cephalothorax oblongus et angustus, antice longe attenuatus, fronte angusta, parum convexus, rufo-brunneus, in lateribus parce in medio dense et longe flavo-pubescens. Oculi antici æqui appropinquantes. Oculi postici æqui minimi. Clypeus oculis anticis fere duplo latior. Abdomen oblongum, angustum, antice obtuse truncatum, supra flavo subtus albido-pubescens. Sternum fuscum albido-pubescens. Chelæ robustæ, fere parallelæ, antice subtiliter transversim striatæ et luteo-pilosæ. Pedes sat longi, coxis femoribus patellisque rufo-brunneis, reliquis articulis obscure fuscis, aculeis longis et gracilibus, tibiis I et II inferne 2-2-2, metatarsis 2-2 aculeatis, tibiis metatarsisque posticis valde aculeatis. Tibia cum patella IV cephalothorace haud longior. Pedes-maxillares rufo-brunnei, femore leviter arcuato ad basin compresso supra ad apicem 2 vel 4 aculeato, patella crassa parallela paulo longiore quam latiore, tibia patella evidenter breviore et angustiore, apophysi nulla, tarso sat magno et ovato patella cum tibia longiore, bulbo valde convexo. Mamillæ testaceæ, longæ, graciles atque æquales.

Ile Hoste : baie Orange.

Trouvé une seule fois, sous une pierre, à l'embouchure de la rivière de la Mission, le 28 septembre 1882.

Genus GAYENNA Nicolet.

Gayenna Nicolet, *in* GAY, *Hist. fis. y pol. de Chile, Ar.*, p. 450.
Clubiona Nicolet, *loc. cit.* (ad partem : *maculosa, lepida*, etc.).
? *Heteromma* Karsch, *Zeitschr. f. d. Ges. Naturwiss.*, L. III, 1880.

Generi *Anyphœnœ* valde affinis, differt rima ventrali in parte secunda prope mamillas sita, chelarum margine sulciinferiore bidentato, oculis anticis a sese magis appropinquatis mediis lateralibus minoribus, oculis posticis lineam magis procurvam formantibus, clypeo oculis anticis angustiore, parte labiali non multo longiore quam ad basin latiore apicem versus paululum attenuata, rotundata vel obtusissime truncata, dimidium laminarum vix superante (in *Anyphœna* multo longiore quam latiore, fere parallela, ad apicem truncata, et dimidium laminarum multo superante), pedibus parum inæqualibus (1, 4, 2, 3 vel 4, 1, 2, 3), tarsis inferne subtiliter scopulatis.

15. GAYENNA COCCINEA E. Simon.
(*Pl. I, fig.* 6.)

Loc. cit., p. 131.

♀ Ceph. th.: long. $2^{mm},3$; lat. $1^{mm},9$. — Abd.: long. 4^{mm}; lat. $2^{mm},7$. — Pedes : 1-4, 2, 3.

Cephalothorax fulvo-testaceus, antice paululum rufescens, postice infuscatus, parte cephalica vittis duabus latis antice divaricatis V rufulum magnum postice obtusum formantibus ornata, parce et sat longe albido-pubescens. Oculi antici in lineam fere rectam dispositi, medii paulo minores a lateralibus haud separati. Oculi postici æqui, sat magni, medii a sese quam a lateralibus remotiores. Abdomen late ovatum, antice posticeque paulum attenuatum, supra læte rufo-aurantiacum, antice late flavido-marginatum, in medio macularum parvarum 6 vel 7 valde arcuatarum serie unica ornatum, utrinque maculis testaceis tribus parum expressis notatum, subtus rufulum, utrinque testaceum. Mamillæ rufescentes. Sternum coxæque rufula. Pedes femoribus patellisque rufulis supra vage testaceo-lineatis, articulis reliquis cunctis pallide luridis interdum virescenti tinctis, aculeis nigris longis et gracilibus. Plaga vulvæ fusca, rugosa et pilosa, postice striis duabus antice divaricatis atque ad apicem extus arcuatis notata.

Ile Hoste : baie Orange (16 septembre et 29 novembre 1882).

D'après une note du Dr Hyades, cette espèce se trouve sur des feuilles d'arbres. Pendant la vie, le corps et le milieu des pattes sont d'une belle couleur orangée, tandis que la base et l'extrémité des pattes sont d'un vert tendre.

16. GAYENNA STELLATA E. Simon.

(*Pl. I, fig. 7.*)

Loc. cit., p. 131.

♀ Ceph. th. : long. 2^{mm},4; lat. 1^{mm},9. — Abd. : long. 4^{mm},5; lat. 3^{mm}. — Pedes : 1-4, 2, 3.

Cephalothorax rufo-brunneus obscure reticulatus, linea marginali angusta et macula media thoracica utrinque paululum denticulata læte flavis vel rufulis ornatus, longe et parce albido-pubescens. Oculi ut in *G. coccinea*. Abdomen late ovatum, antice posticeque paululum attenuatum, fulvo-opacum, crebre albido-punctatum, in medio leviter viridi tinctum, postice sensim infuscatum et in medio late rufulum, prope marginem anticum maculis lateralibus obliquis et macula media brevi et longitudinali nigris notatum, subtus testaceo-rufescens, linea media fusca exili ornatum. Mamillæ obscure fulvæ, superiores leviter infuscatæ. Sternum fulvum. Partes oris obscure fuscæ. Pedes fulvo-rufescentes, femoribus leviter infuscatis et supra vage testaceo-bilineatis, aculeis longis et gracilibus fuscis subpellucentibus. Plaga vulvæ ut in *G. coccinea*, sed striis posticis antice minus divaricatis.

♂ Ceph. th. : long. 2^{mm}; lat. 1^{mm},6. — Pedes : 1, 4, 2, 3.

Cephalothorax postice latior, antice magis attenuatus, fulvus, vitta media in parte thoracica paululum denticulata et utrinque vitta submarginali lata fuscis ornatus. Pedes longiores, fulvi, metatarsis tarsisque valde infuscatis et rufulo-tinctis, femoribus superne longitudinaliter fusco-maculatis. Pedes-maxillares breves et robusti flavo-testacei, patella tibiaque supra leviter fusco-variatis, tarso valde infuscato fere nigro, femore vix compresso subrecto, supra 1-3 aculeato, patella haud longiore quam latiore convexa, tibia patella haud longiore ad basin paulo angustiore, apophysi nulla, supra et intus 4 vel 5 longissime aculeata, tarso magno, ovato et convexo, tibia cum patella multo longiore, bulbo magno et simplici, ad basin valde convexo.

Oushouaïa, sur le canal du Beagle (15 nov. 1882).

Genus **TOMOPISTHES** E. Simon.

Loc. cit., p. 132.

Clubiona Nicolet, *in* Gay, *Hist. fis. y pol. de Chile*, Ar. (ad partem : *horrenda*, etc.).

Generi *Anyphænæ* affinis, differt rima ventrali in parte secunda prope mamillas sita, oculis posticis in linea fere recta vel paululum procurva, inter se late disjunctis, æque distantibus vel sæpius mediis inter se quam a lateralibus remotioribus, oculis anticis in linea recta parum sed distincte disjunctis, mediis lateralibus multo minoribus, oculis lateralibus anticis a posticis spatio diametro oculi multo latiore sejunctis, clypeo diametro oculorum anticorum lateralium sæpissime haud vel vix latiore interdum fere duplo latiore (*T. magellanicus*), chelis robustis, interdum in ♂ longissimis et antice porrectis, sulco unguis marginibus duobus fere æque et valde bidentatis, pedibus in ♀ parum inæqualibus in proportione 1, 4, 2, 3 vel 4, 1, 2, 3 (*T. varius, magellanicus*) in ♂ pedibus anticis longioribus quam posticis, 1-2, 4, 3, tarsis metatarsisque cunctis et tibiis I et II ad apicem scopulis densis munitis.

Ce genre est également représenté au Chili. Les *Clubiona horrenda* Nic., *nubes* Nic., *limbata* Nic. et probablement *versicolor* Nic. et *acupicta* Nic. lui appartiennent; *C. horrenda* est même très voisin de *T. immanis*.

17. Tomopisthes immanis E. Simon.

(*Pl. I, fig. 2.*)

Loc. cit., p. 133.

♀ Ceph. th. : long. 8^{mm},6; lat. 7^{mm},2. — Abd. : long. 12^{mm}; lat. 9^{mm}. — Pedes : p. I, 25^{mm},7; p. II, 24^{mm},5; p. III, 22^{mm},4; p. IV, 25^{mm},3.

Cephalothorax oblongus, antice paululum attenuatus, supra fere planus, lævis, obscure fusco-brunneus, dense albo-lurido pubescens, stria media thoracica sat brevi sed profunda. Oculi antici in linea recta, medii lateralibus $\frac{1}{3}$ minores et a sese paulo latius quam a lateralibus sejuncti (sed spatio diametro oculi angustiore distantes). Oculi postici fere æqui, medii inter se quam a lateralibus paulo remotiores. Clypeus oculis lateralibus anticis haud latior. Abdomen late oblongum, antice leviter attenuatum et rotundum, fuscum plus minusve obscure testaceo-variatum, albo-cinereo dense pubescens, in parte prima vitta longitudinali, in parte altera lineis transversis exilibus 7-8 valde arcuatis nigricantibus ornatum, subtus obscure fusco-testaceum leviter et parce punctatum. Partes oris sternumque obscure fusca. Chelæ nigræ, robustæ, parum attenuatæ, antice fere læves, albido nigroque setulosæ, subtus subtiliter striolatæ, margine sulci inferiore dentibus binis validis et æquis, margine superiore dentibus tribus, medio reliquis majore instructis. Pedes sat robusti et longi, obscure fulvo-rufescentes, albo-cinereo pubescentes, femoribus tibiisque inordinate fusco-punctatis, tibiis I et II inferne aculeis 3-3-3 armatis. Tibia cum patella IV cephalothorace paulo longior. Epigaster fusca et leviter granulosa, genitali plaga minuta, fere parallela, apice rotundata, nigro-marginata, utrinque lobo semicirculari limitata, notata.

♂ Ceph. th. : long. $7^{mm},7$; lat. $5^{mm},9$. — Pedes : p. I, 29^{mm}; p. II, 29^{mm}; p. III, 23^{mm}; p. IV, 26^{mm}.

Pedes, præsertim antici, longiores. Abdomen minus et brevius, antice læte fulvo postice sensim obscure cinereo-pubescens, vitta antica parum expressa, lineis transversis posticis obsoletis vel nullis. Pedes-maxillares obscure fulvi, fusco-variati, tarso fusco, femore compresso paulum arcuato supra 1-4 aculeato, patella longiore quam latiore parallela, tibia patella $\frac{1}{3}$ longiore paulo graciliore fere cylindrata supra aculeis nigris longissimis et erectis instructa, apophysi nulla, tarso minimo ovato tibia non multo longiore, bulbo ovato simplici nigro. Chelæ longissimæ, porrectæ, apicem versus valde attenuatæ et divaricatæ, ungue longissimo et arcuato, marginis superioris dentibus ab apice longissime remotis, marginis inferioris dentibus binis inter se remotissimis, secundo altero majore.

Ile Hoste : baie Orange.

Très commun; construit une grande coque sur les buissons.

18. Tomopisthes varius E. Simon.
(Pl. I, fig. 5.)

Loc. cit., p. 134.

♀ Ceph. th. : long. 5^{mm}; lat. $3^{mm},6$. — Abd. : long. 6^{mm}; lat. $3^{mm},5$. — Pedes : p. I, $12^{mm},5$; p. II, $12^{mm},5$; p. III, 11^{mm}; p. IV, $13^{mm},4$.

Cephalothorax oblongus sat convexus, fulvo-olivaceus, antice rufescenti-tinctus, anguste nigricanti-marginatus, vittis lateralibus latis fuscis et dentatis, lineis divaricatis nigricantibus parum regulariter sectis et linea media exili sed antice prope oculos paululum dilatata notatus, partibus fulvis longe et dense lurido-pubescentibus, stria thoracica sat brevi sed profunda. Oculi antici parum disjuncti, in linea recta, medii lateralibus multo minores. Oculi postici fere æqui, medii inter se quam a lateralibus paulo remotiores. Clypeus diametro oculorum anticorum haud latior. Abdomen oblongum, antice posticeque sensim attenuatum, supra fulvo-testaceum, postice sensim infuscatum, utrinque plus minus inordinate nigro-punctatum, in parte prima vitta longitudinali postice attenuata et pone medium punctis duobus obliquis nigricantibus ornatum, subtus testaceum parce nigro-punctatum, omnino lurido-pubescens. Sternum obscure fulvum, vitta media abbreviata vittaque marginali fuscis parum distinctis notatum. Partes oris fuscæ. Chelæ fusco-rufescentes antice læves, lurido-pilosæ. Pedes sat robusti, parum longi, lurido-testacei, femoribus supra valde nigro-variegatis et subannulatis inferne punctatis, patellis tibiisque inordinate punctatis, tibiis I et II inferne aculeis 3-3-3 armatis, tibia cum patella IV cephalothorace haud vel vix longiore. Abdominis epigaster nigricans antice coriacea postice lævis et convexa, carinis duabus exilibus postice convergentibus et dein tuberculis duobus minutissimis notata.

♂ Ceph. th. : long. 5^{mm}; lat. $3^{mm},7$. — Pedes : p. I, 16^{mm}; p. II, 15^{mm}; p. III, $13^{mm},5$; p. IV, $15^{mm},8$.

Pedes-maxillares fulvi leviter nigro-variati, tarso infuscato, femore compresso paululum arcuato supra 1-2 aculeato, patella longiore quam latiore parallela, tibia patella evidenter longiore vix angustiore subcylindrata supra aculeis nigris sex longissimis et erectis armata, apophysi nulla, tarso minimo ovato breviore et parum latiore quam patella cum tibia, bulbo simplici, obscure fusco. Abdomen crebre pallide lurido-pubescens, postice sensim infuscatum, pictura dorsali fere obsoleta. Chelæ verticales haud porrectæ, attenuatæ.

Ile Hoste : baie Orange.

T. varius est l'une des espèces les plus communes; nous en avons vu de nombreux individus, trouvés aux mois d'octobre et novembre 1882 et janvier 1883, quelques-uns en mai 1883.

Il vit sur les feuilles et les écorces des arbres, où il file une grande coque irrégulière.

D'après une note du Dr Hyades, les Fuégiens appellent le nid de cette Araignée et d'autres espèces voisines *Ikoufkalala*, et les Araignées *Ouankara*.

19. — Tomopisthes vittatus E. Simon.
(*Pl. I, fig.* 3.)

Loc. cit., p. 135.

♀ Ceph. th. : long. 5^{mm}; lat. 2^{mm},4. — Abd. : long. 5^{mm},5; lat. 3^{mm},2. — Pedes : 4, 1, 2, 3 (1 et 4 fere æqui).

Cephalothorax oblongus, antice sat attenuatus, fulvo-rufescens, et longe albido-pubescens, parte cephalica vitta longitudinali fusco-rufula antice lata postice sensim angustiore, vittisque lateralibus angustioribus et leviter arcuatis, parte thoracica utrinque lineis divaricatis abbreviatis, vittam sinuosam formantibus, notatis, stria thoracica longa et profunda. Oculi antici valde appropinquati fere contigui, in lineam rectam positi, medii lateralibus multo minores. Oculi postici æqui, in lineam paululum procurvam dispositi, medii inter se quam a lateralibus paulo remotiores. Clypeus diametro oculorum anticorum paulo latior. Abdomen oblongum, fusco-rufescens, dense albo-lurido pubescens, vitta media fusco-rufula integra antice et postice attenuata, prope medium anguste obscure fusco-marginata, supra ornatum, subtus obscure fuscum. Sternum nigrum lurido-pubescens. Partes oris fuscæ. Chelæ fusco-rufescentes læves, lurido-pubescentes. Pedes sat robusti, parum longi, obscure fulvo-rufuli, femoribus supra parum regulariter et parum distincte fusco-lineatis, tibiis I et II inferne aculeis longis 2-2-2 armatis.

Tibia cum patella IV cephalothorace paulo longior. Plaga vulvæ nigra et pilosa postice parte minima nigra et nitida subtriquetra notata.

♂ Ceph. th. : long. 3^{mm}; lat. 2^{mm},5. — Pedes : 1, 4, 2, 3.

Pedes multo longiores et graciliores, fulvi, tibiis metatarsisque, præsertim anticis, longissime et tenuiter pilosis. Pedes-maxillares fulvi tarso infuscato, femore vix compresso fere recto supra 1-3 aculeato, patella paulo longiore quam latiore intus leviter convexa, tibia patella evidenter longiore haud augustiore subtereti sed intus prope basin leviter convexa, supra aculeis 2, intus aculeis 3 vel 4 longis instructa, apophysi nulla, tarso sat magno et convexo. Chelæ debiliores, verticales, attenuatæ, haud porrectæ, fulvæ et ad basin fusco-maculatæ.

Oushouaïa sur le canal du Beagle (15 nov. 1882).

20. Tomopisthes magellanicus *sp. nov.*

♀ Ceph. th. : long. 5^{mm}; lat. 3^{mm},2. — Abd. : long. 7^{mm},5; lat. 3^{mm},5. — Pedes : p. I, 10^{mm},4; p. II, 10^{mm},1; p. III, 9^{mm},7; p. IV, 12^{mm},6.

Cephalothorax oblongus, convexus, antice parum attenuatus, lævis, obscure fusco-rufescens pallide fulvo-pubescens, striis cephalicis vittis divaricatis obscurioribus notatis, stria media thoracica brevi et profunda. Oculi antici in linea recta, valde appropinquati, medii lateralibus plus duplo minores. Oculi postici æqui, medii inter se quam a lateralibus multo remotiores. Oculi laterales antici a posticis spatio diametro oculi multo latiore sejuncti. Clypeus oculis lateralibus anticis fere duplo latior. Abdomen longe oblongum, fusco-testaceum, longe pallide fulvo vel sordide albido-pubescens, antice vitta longitudinali abbreviata paululum lanceolata, dein lineis brevibus binis parallelis vel obliquis et postice divaricatis, atque in parte secunda lineis transversis exilibus numerosis et valde arcuatis obscure fuscis, supra decoratum, subtus omnino fusco-testaceum. Partes oris fere nigræ. Sternum pallide fulvo-olivaceum nitidum. Chelæ fusco-rufescentes, valde convexæ, antice prope medium parce et subtiliter transversim rugatæ. Pedes sat robusti et parum longi, obscure fulvo-olivacei, tibiis I et II inferne aculeis 3-3-3 armatis. Tibia cum patella IV cephalothorace haud vel vix longior. Plaga vulvæ mediocris, fusca, rugosa et pilosa, postice rotundata et tenuiter marginata.

Punta-Arenas (détroit de Magellan), rapporté par M. E. Lebrun.

Genus LIPAROTOMA E. Simon.

Loc. cit., p. 137.

A genere *Anyphœna* differt rima ventrali in parte secunda prope mamillas sita, cephalothorace convexiore et antice parum attenuato, fronte latissima, oculis anticis æquis vel mediis paulo majoribus (*L. ventricosa*) fere æquidistantibus et bene separatis, in lineam vix procurvam dispositis, oculis posticis anticis multo minoribus latissime disjunctis æque distantibus vel mediis inter se paulo minus quam ad laterales remotis, in lineam paululum procurvam dispositis, spatio inter oculos laterales anticos et posticos diametro oculi latiore, clypeo diametro oculorum anticorum latiore, sterno angusto coxis intermediis angustiore vel saltem haud latiore, subparallelo vel antice et postice leviter attenuato, chelarum margine inferiore sulci bidentato, pedibus 1, 4, 2, 3 robustis, 1 et 2 inermibus, 3 et 4 aculeatis, tarsis metatarsisque I et II dense III et IV parce scopulatis.

Clubiona ventricosa Nicolet (*in* Gay), du Chili, appartient au genre *Liparotoma*.

Conspectus specierum.

1. Oculi medii postici inter se minus quam ad laterales remoti. Cephalothorax, abdomen pedesque omnino obscure fusca, sericeopubescentia............................ *L. Hyadesi.*

    Oculi postici fere æquidistantes. Cephalothorax, abdomen pedesque fulva vel testacea plus minus nigro vel fusco variegata......

2. Oculi antici æqui, late disjuncti. Abdomen subtus fusco-rufescens.
L. amœnum.

    Oculi antici approximati, medii lateralibus paulo majores. Abdomen subtus lurido-testaceum, macula magna longitudinali nigra ornatum............................ *L. nigropictum.*

21. LIPAROTOMA HYADESI E. Simon.
(*Pl. 1, fig. 8.*)

Loc. cit., p. 138.

♀ Ceph. th. : long. 3^{mm},2; lat. 2^{mm},3. — Abd. : long. 5^{mm},8; lat. 3^{mm},7. — Pedes : 1, 4, 2, 3.

Cephalothorax latus et convexus, obscure fusco-rufescens, tenuiter coriaceus, albido sat longe pubescens, parte thoracica lineis divaricatis obscurioribus seu parcius pubescentibus notata. Oculi antici inter se sat late disjuncti. Oculi medii postici a sese evidenter minus quam ad laterales remoti. Chelæ rubustæ, antice convexæ, rufo-brunneæ, prope basin albido-pilosæ, rugosæ. Abdomen oblongum, obscure fuscum fere nigrum, dense et breviter albido sericeo-pubescens et albo longe et parce setosum. Sternum angustum, planum, nigrum, nitidum. Partes oris nigræ leviter rufescenti-marginatæ. Pedes sat longi, metatarsis tarsisque gracilibus, fusco-rufescentes, fulvo-pilosi, femoribus supra vix distincte testaceo-lineatis. Plaga vulvæ minima, antice rotunda, postice recte truncata, antice area fere rotundata et regulariter striata notata.

Ile Hoste : baie Orange.

Trouvé deux fois (6 avril et 17 mai 1883) sur des *Fagus betuloides* rabougris. Le cocon est floconneux et très gros, il enveloppe les feuilles de plusieurs rameaux.

22. LIPAROTOMA AMÆNUM E. Simon.

Loc. cit., p. 138.

♀ (*pullus*) long. 7^{mm}.

Cephalothorax latus et convexus, fulvo-rufescens, parte thoracica postice sensim infuscata et anguste nigro-marginata, albido longe pubescens, subtilissime coriaceus. Oculi postici inter se fere æque et latissime disjuncti, lineam vix procurvam formantes. Oculi antici æqui, sat late disjuncti. Chelæ robustæ, fulvo-rufescentes, apicem versus infuscatæ, subtiliter rugosæ. Abdomen oblongum, antice et in lateribus fulvo-rufescens et nigro-punctatum, supra fuscum, postice late fulvocinctum, antice vitta longitudinali nigra postice attenuata, dein vitta latiore rufo-fulva fere parallela ornatum, subtus utrinque fuscum in medio obscure rufulum. Sternum nigrum (paulo latius quam in *L. Hyadesi*). Partes oris fuscæ. Pedes robusti, sat breves, fulvi, femoribus ad apicem late rufulo-annulatis, tibiis metatarsisque (præsertim posticis) biannulatis.

Région du cap Horn.

23. LIPAROTOMA NIGROPICTUM E. Simon.

Loc. cit., p. 139.

♀ Ceph. th. : long. $3^{mm},5$; lat. 2^{mm}. — Abd. : long. $5^{mm},5$; lat. 3^{mm}. — Pedes : 1, 4, 2, 3.

Cephalothorax sat elongatus antice paulum attenuatus, fulvus, fusco-cinereo late marginatus, parte cephalica lineis duabus olivaceis postice convergentibus, parte thoracica lineis tenuibus divaricatis ornatis, fere lævis, longe albido-pubescens. Oculi postici minimi late et fere æque distantes (medii inter se quam a lateralibus paulo remotiores) lineam evidenter procurvam formantes. Oculi antici parum disjuncti, medii lateralibus paulo majores. Chelæ obscure fuscæ fere nigræ, fere læves, parce pilosæ. Abdomen oblongo-elongatum, lurido-testaceum albido-pubescens, supra parce nigro-punctatum, antice macula longitudinali lanceolata, prope medium maculis duabus fere rotundatis, postice prope mamillas maculis transversis parum distinctis pictum, subtus vitta longitudinali latissima nigra vulvam et mamillas haud attingenti ornatum. Mamillæ longæ, inferiores fuscæ, superiores testaceæ. Sternum angustum, antice attenuatum, nigrum. Partes oris nigricantes. Pedes robusti et parum longi, fulvi, tibiis I et II supra ad basin minute nigro-maculatis, tibiis metatarsisque III et IV paululum maculatis et subannulatis. Plaga vulvæ rufula, fere quadrata, lævis, in medio striis duabus parallelis parum expressis, postice parte transversim triangulari notata.

Ile Hoste : baie Orange.

Un seul individu pris, sur le sol, à environ 15^m d'altitude (7 oct. 1882).

Ordo CHERNETES.

Familia CHELIFERIDÆ.

24. Chelifer cancroides L.

Acarus cancroides Linné, *Fauna Suec.*, 1761, n° 1968.
Chelifer europæus Degeer, *Mém. Ins.*, VII, 1778, p. 355, Pl. XIX, fig. 14-15.
Chelifer Hermanni Leach, *Zool. Miscell.*, III, 1817, p. 49.
Chelifer ixoides Hahn, *Ar.*, II, 1834, p. 53, fig. 140.
Chelifer ixoides + rhododactylus Menge, *Ueb. Scheerensp.*, 1855, p. 30-32.
Chelifer cancroides + granulatus + ixoides L. Koch, *Darst. Eur. Chernet.*, 1873, p. 19-23.
Chelifer cancroides E. Simon, *Ar. Fr.*, VII, 1880, p. 23.

♂ ♀ long. $3^{mm},5$-4^{mm}.

Cephalothorax et pedes-maxillares fusco-rufescentes, segmenta abdominis dilutiora et fulvo-brunnea, pedes fulvo-testacei. Cephalothorax omnino valde coriaceus, utrinque granulis majoribus sæpissime conspersus, setis fulvis brevibus et claviformibus parce vestitus, striis profundis rectis, 1ª paulo ante medium sita, 2ª a stria prima quam a margine postico remotiore. Segmenta abdominis subtiliter coriacea, ad marginem posticum setis claviformibus minutissimis flavis in series transversas ordinatis munita, in ♂ margo exterior segmentorum paululum dilatatus et carinatus et ad angulos posticos paululum acute productus, in ♀ margo segmentorum haud carinatus. Pedes-maxillares setis claviformibus brevissimis vestiti, coxa omnino coriacea, trochantere, femore et tibia subtilius coriaceis, trochantere non multo longiore quam latiore sat longe pediculato, ad marginem posticum leviter convexo, femore longo parum robusto haud pediculato, versus basin sensim et leviter attenuato, margine antico recto vel levissime depresso, margine postico leviter convexo, tibia femore vix breviore haud angustiore, pediculo brevissimo et intus leviter emarginato, dein sensim incrassata intus recta, extus, præsertim in parte apicali, levissime convexa, manu tibia fere longitudine æqua sed latiore, multo longiore quam latiore regulariter ovata, ad basin digitorum valde attenuata, digitis arcuatis manus longitudine.

Baie Orange.

Cette espèce n'est certainement pas indigène à la région du cap Horn. Elle habite l'intérieur des habitations, où elle se réfugie dans les livres, les débris végétaux, etc., partout où elle peut rencontrer les Acariens des matières amylacées dont elle fait sa nourriture. *C. cancroides* a été répandu dans le monde entier.

Ordo OPILIONES.

Sub-ordo OPILIONES MECOSTETHI.

25. Pachylus planiceps Guérin.
(*Pl. II, fig.* 9).

Gonyleptus planiceps Guérin, *Icon. Règ. An.*, *Arachn.*, texte explicatif de la pl. IV.
Gonyleptus planiceps P. Gervais, *Mag. Zool.*, 1842, *Arach.*, pl. II.

♂ Long. 6^{mm},8.; lat. 6^{mm},4.

Obscure nigro-ferrugineus, trochanteribus cunctis et chelarum digitis fulvis, pedibus-maxillaribus et pedibus sex anterioribus fusco-olivaceis obscure testaceo-punctatis, pedibus 4^i paris nigro-fuscis sed metatarsis tarsisque dilutioribus et tuberculis ferrugineis fulvisve. Corpus paulo longius quam latius, utrinque ample rotundatum, antice et postice attenuatum et truncatum, supra fere planum, utrinque striis submarginalibus arcuatis et striis transversis quinque, 1^a valde et angulatim postice arcuata, 2^a subrecta sed in medio paululum antice angulosa, reliquis regulariter et æqualiter antice arcuatis sectum, parte cephalica haud granulosa, parte thoracica inter strias parcissime obtuse et inæqualiter granulata. Segmenta dorsalia libera series transversas granulorum obtusissimorum gerentia. Tuber oculorum humile, muticum et transversim fusiforme, plus duplo latius quam longius, a stria prima longius quam a margine antico remotum, oculi parvi. Chelæ muticæ, articulo primo convexo subgloboso, articulo secundo subparallelo parce et breviter setoso, digito mobili articulo non multo breviore. Pedes-maxillares mediocres, femore mutico et compresso, patella parva mutica, tibia patella saltem $\frac{1}{3}$ longiore, latiore, subovata, inferne plana et series dentium (3-3) duas gerenti, extus dente medio aliis plus triplo longiore, sed intus dente medio minore, tarso tibia breviore, paululum ovato, inferne et extus et intus dentibus tribus, ultimo reliquis multo minore et sæpe obsoleto, instructo, ungue tarso haud breviore. Pedes I et II mutici; pedum III tibia inferne series tuberculorum duas (3-5) armata; pedum IV coxa amplissima, subtiliter coriacea, ad angulum posticum apophysi validissima longa et conica oblique retro directa subrecta vel paululum infra arcuata armata; trochantere magno subquadrato extus apophysibus duabus : 1^a lata et humili, 2^a longissima fere tereti et sursum curvata armato; femore parum longo robusto et paululum curvato, extus prope basin tuberculo crasso et obtuso atque ad apicem tuberculo acutelanceolato, intus serie tuberculorum 5 vel 7 obtusorum et subgeminatorum atque tuberculo apicali acutiore insigniter armato; patella subglobosa intus prope basin minute bituberculata; tibia ad apicem leviter incrassata, subtus tuberculorum series duas (7-4) versus apicem sensim longiorum et acutiorum armata; metatarso mutico recto et compresso. Tarsus I ex articulis 5, tarsus II ex articulis 7, tarsi III et IV ex articulis 6 compositi.

Canal du Beagle; île Hoste.

Décrit du détroit de Magellan par Guérin-Méneville.

Sub-ordo OPILIONES PLAGIOSTETHI.

Genus THRASYCHIRUS E. Simon.

Loc. cit., p. 142.

Generi *Oligolopho* affinis, differt tubere oculorum lævi et mutico nec canaliculato nec dentato, lobis maxillaribus 2^i paris minutis gracilioribus, in medio paululum depressis et antice leviter et obtuse emarginatis, pedum patellis cunctis muticis (in *Oligolopho* patellis ad apicem minute dentatis).

Chelæ articulo primo ad basin inferne unidentato. Truncus pedesque fere læves nec tuberculati nec dentati. In ♂ pedes-maxillares longi et graciles, tibia patella longiore tereti parce et æqualiter setosa, in ♀ breviores, patella et tibia fere longitudine æquis, intus crebre setosis.

26. Turasychirus dentichelis E. Simon.
(*Pl. II, fig. 10*).

Loc. cit., p. 142.

♂ Long. 4ᵐᵐ.

Truncus sat convexus, postice quam antice paulo latior et obtuse truncatus. Cephalothorax fusco-ravidus, antice, prope angulos, minute testaceo bipunctatus, utrinque et postice anguste testaceo-marginatus, fere lævis, setis nigris minutissimis remotissime sparsus. Abdomen in lateribus testaceo-rufescens plus minus albido-punctatum, in medio ephippio latissimo nigerrimo obtuse dentato notatum, tenuissime coriaceum, setis parvis et leviter elevatis inordinate et parce munitum. Tuber oculorum magnum subrotundum, testaceum utrinque nigrum, fere læve nec canaliculatum neque cristatum. Chelæ flavo-testaceæ, articulo primo sat longo, subcylindrato, antice directo, inermi et lævi, articulo secundo longe ovato, lævi, ad basin rotundato haud prominenti, extus, prope basin digiti mobilis, tuberculo parvo et perpendiculari instructo, digito mobili supra ad basin in conum parvum leviter elevato. Pedes-maxillares fulvi, femore patellaque supra leviter infuscatis, femore sat longo et crasso, patella longa versus basin attenuata, tibia patella multo longiore, supra ad basin paululum depressa ad apicem recte truncata cum angulo interiore in apophysem minutam et teretem breviter producto, tarso gracili modice arcuato. Pedes sat graciles et longi, fusci obscure fusco-punctati, coxis trochanteribus femoribusque ad basin fulvo-testaceis, nec dentati nec spinosi, setis minutis seriatim dispositis muniti, femoribus haud angulatis subteretibus apicem versus paululum incrassatis, tibiis compressis subangulatis.

♀ Long. 4^{mm}.

Chelarum articulus secundus minor et augustior, extus ad apicem simplex haud tuberculatus. Pedes-maxillares breviores et robustiores, patella tibiaque intus densius pilosis, patella ad apicem magis incrassata atque intus ad angulum leviter et obtuse producta, tibia patella haud vel vix longiore, prope basin supra paululum depressa, intus leviter convexa, ad apicem haud tuberculata.

Ile Hoste ; sur les Sentry Boxes.

27. THRASYCHIRUS GULOSUS E. Simon.
(*Pl. II, fig.* 11).

Loc. cit., p. 143.

♂ Long. 4^{mm}.

T. denticheli affinis, differt pedibus-maxillaribus longioribus et gracilioribus, tibia patella paulo longiore tereti et mutica, tarso patella cum tibia multo longiore, chelis fulvo-rufescentibus supra fusco-variatis, articulo primo longissimo inermi et subcylindrato, apicem versus paululum incrassato, fere perpendiculariter erecto, articulo secundo maximo, latissime ovato, basin versus attenuato et rotundato, antice lævi, extus subtiliter transversim striato, extus ad apicem, prope radicem digiti mobilis, apophysi minuta et conica perpendiculariter instructo, digito mobili magno valde compresso et arcuato supra elevato.

Ile Hoste ; sur les Sentry Boxes.

EXPLICATION DES PLANCHES.

PLANCHE I.

Fig. 1. *Lycosa australis* E. Simon, femelle grandeur naturelle.
Fig. 1^a.   Id.   épigyne.
Fig. 2. *Tomopisthes immanis* E. Simon, mâle grandeur naturelle.
Fig. 3. *Tomopisthes vittatus* E. Simon, mâle grossi.
Fig. 4. *Tomopisthes magellanicus* E. Simon, femelle grossie.

ARACHNIDES.

Fig. 5. *Tomopisthes varius* E. Simon, mâle grossi.
Fig. 5ª.   Id.   patte-mâchoire du mâle.
Fig. 5ᵇ.   Id.   épigyne de la femelle.
Fig. 6. *Gayenna coccinea* E. Simon, femelle grossie.
Fig. 6ª.   Id.   épigyne.
Fig. 7. *Gayenna stellata* E. Simon, femelle grossie.
Fig. 7ª.   Id.   patte-mâchoire du mâle.
Fig. 8. *Liparotoma Hyadesi* E. Simon, femelle grossie.
Fig. 8ª.   Id.   épigyne.
Fig. 9. *Coptoprepes fulvopilosus* E. Simon, mâle grossi.
Fig. 10. *Axyracrus elegans* E. Simon, femelle grossie.
Fig. 11. *Philisca Hahni* E. Simon, femelle grossie.
Fig. 11ª. Id.   épigyne.
Fig. 12. *Erigone antarctica* E. Simon, épigyne.

Planche II.

Fig. 1. *Stephanopsis ditissima* Nicolet, femelle grossie.
Fig. 2. *Epeira flaviventris* Nicolet, femelle grossie.
Fig. 2ª.   Id.   abdomen en dessous.
Fig. 2ᵇ.   Id.   crochet de l'épigyne en dessous.
Fig. 2ᶜ.   Id.   crochet de l'épigyne de profil.
Fig. 3. *Epeira Hyadesi* E. Simon, femelle grossie.
Fig. 3ª.   Id.   épigyne.
Fig. 4. *Mecysmauchenius segmentatus* E. Simon, mâle grossi.
Fig. 4ª.   Id.   céphalothorax de profil.
Fig. 4ᵇ.   Id.   front en dessus.
Fig. 4ᶜ.   Id.   chélicère vue en avant.
Fig. 4ᵈ.   Id.   patte-mâchoire du mâle de profil par la face externe.
Fig. 5. *Amaurobius fuegianus* E. Simon, femelle grossie.
Fig. 6. *Mynthes castaneifrons* E. Simon, femelle grossie.
Fig. 7. *Rubrius subfasciatus* E. Simon, femelle grossie.
Fig. 8. *Emmenomma oculatum* E. Simon, femelle grossie.
Fig. 8ª.   Id.   face et yeux vus en avant.
Fig. 8ᵇ.   Id.   front et yeux vus en dessus.
Fig. 8ᶜ.   Id.   patte-mâchoire du mâle du côté externe.

Fig. 9. *Pachylus planiceps* Guérin, grossi.
Fig. 10. *Thrasychirus dentichelis* E. Simon, mâle grossi.
Fig. 10^a.   *Id.*   patella et tibia de la patte-mâchoire en dessus.
Fig. 11. *Thrasychirus gulosus* E. Simon, chélicère du mâle de profil.
Fig. 11^a.   *Id.*   chélicère du mâle vue en avant.

Mission du Cap Horn　　　　　　　　　　　　　　　　Arachnides. Pl. I.

A. Jobin pinx.　　　　　　　　　　　　　　　　Picart sc.

ARANEAE.

ARANEAE — OPILIONES.

Printed by Libri Plureos GmbH in Hamburg, Germany